The Waiting Tide

La corriente en espera

poems by

Ryan W Bradley

translated by Jacob Steinberg

Concepción Books
Chicago, Illinois

CONCEPCIÓN BOOKS
an imprint of Curbside Splendor Publishing

Published by Concepción Books,
an imprint of Curbside Splendor Publishing, Inc.,
Chicago, Illinois in 2013.

First Edition

Copyright © 2013 by Ryan W. Bradley
Translation © 2013 by Jacob Steinberg

Library of Congress Control Number 2012951910

ISBN 978-0-9834228-9-1

Illustrated by Brett Manning
Designed by Ryan W. Bradley
Manufactured in the United States of America

Introduction

If you have read Pablo Neruda's *The Captain's Verses*, or any of his poetry, you know his words are filled with an immense amount of passion and love. There are times reading his work where you wonder if there is anything he did not love.

Los versos del capitán: Poemas de amor was originally published anonymously in 1952. It wasn't until 1963 that this everlasting collection of unabashed love and desire was finally published under Neruda's name.

In 2007 I was married to the love of my life and my poetry began to change. The lines were suddenly filled with a love and passion that had previously been missing from my writing.

2010 was a rough year, but what kept me going was my love for my wife and children. I came to find solace in Neruda's work. Staying up reading and re-reading *The Captain's Verses*.

I found myself compelled to write about love, lust, and the sea. All forms of escape, all symbols of our primal wishes. I found myself in dialogue with the master of love poetry. I can only hope I kept up a shred of the conversation on my end.

-Ryan W. Bradley
Aug. 3, 2012

for Neruda
& Lisa, always.

para Neruda
y Lisa, siempre.

"Of all fires love is the only inexhaustible one"

"Entre todos los fuegos sólo el amor no gasta"
-Pablo Neruda

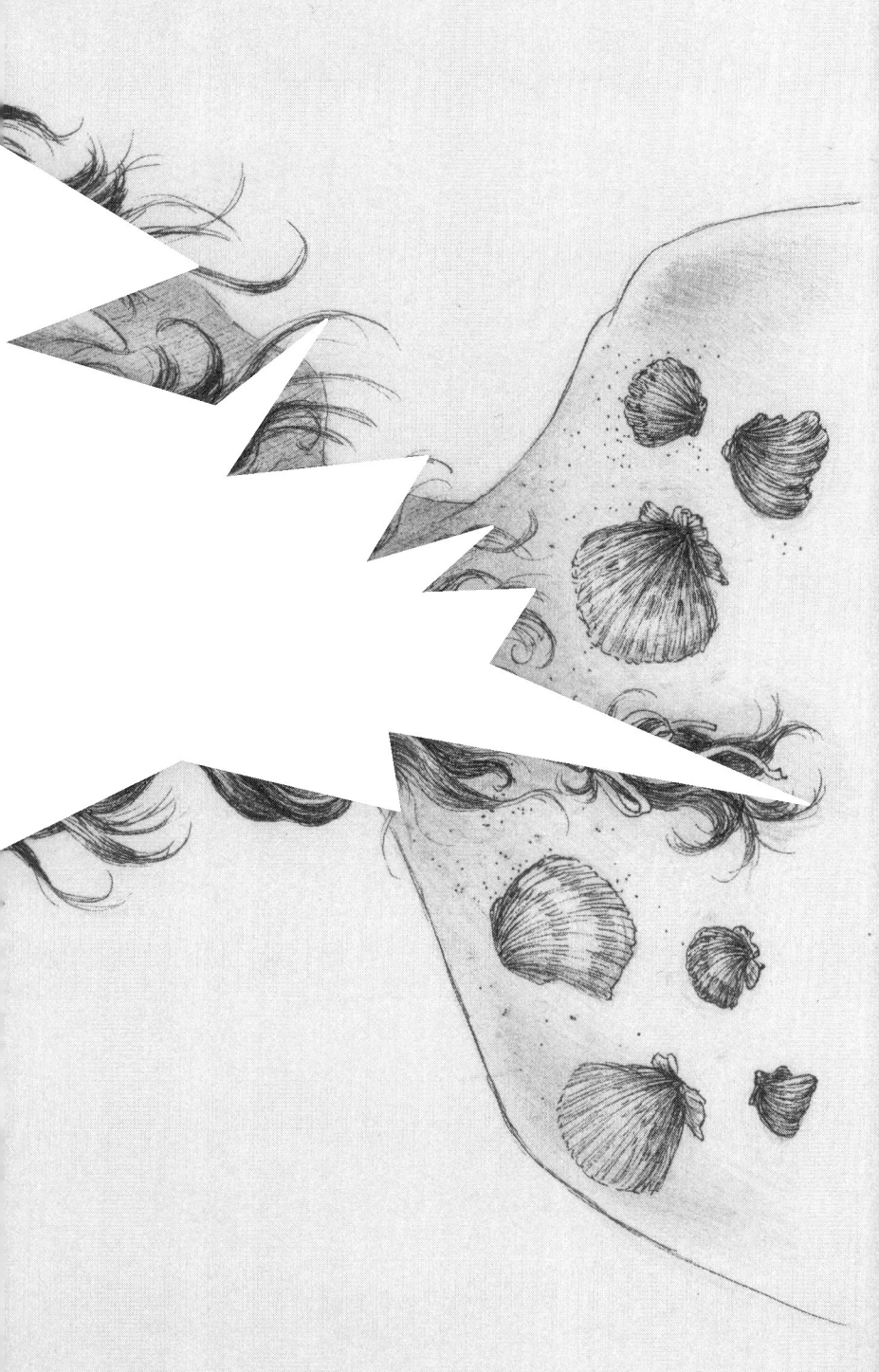

Querido Neruda,

yo sé un par de cosas sobre ti
por conocerme a mí mismo.
si no hubiese leído tu poesía
creería que fuera el único
que se excitara al leer poesía,
que encontrara una especie de amor
en la manera en la que ciertas palabras
se reúnen, la manera en la que
ciertas personas se reúnen.
si no hubiese leído tu poesía
creería que una mujer
me inundara como ella
no le hubiera inundado a ningún otro hombre.
pero tú y yo, compartimos
una ola de amor, una corriente de palabras
y mujeres y toda la belleza intermedia.

Dear Neruda,

I know a thing or two about you
by knowing myself.
if I hadn't read your poetry
I would think I was the only one
who got turned on reading poetry,
who found a sort of love
in the way certain words
fit together, the way
certain people fit.
if I hadn't read your poetry
I would think a woman
washes over me like she
washes over no other man.
but you and I, we share
a wave of love, a tide of words
and women and all the beauty between.

Waiting Tides

Las corrientes en espera

Esperé toda la noche
que tu rostro
emergiera
de las olas
meciendo debajo
del tartamudeo
del farol

Esperé
que tus piernas
salieran
del oleaje

que el agua
se deslizara por
tu piel

Esperé
como la corriente
para sentir
los intermedios
de los latidos de mi corazón
para saber que
me acompañabas
en ese
silencio.

The Waiting Tide

I waited all night
for your face
to emerge
in the waves
rocking beneath
the stutter
of the lighthouse

I waited
for your legs
to step
from the surf

for the water
to glide down
your skin

I waited
like the tide
to feel
the in-betweens
of my heartbeat
to know you
were with me
in that
silence.

No abrí las olas,
ni la corriente desplegada
que me lamía las venas,

No amarré mi pulso
al brillo de la espuma
de las olas a la luz de la luna

sino dejé extendida mi mano
para que la tuya
la agarrara,

para que la agarraras fuerte,
y me mantuvieras cerca
durante el crecer y decrecer,

durante el movimiento orquestal
de tu deseo.

I didn't open the waves,
or the unfurled tide
lapping at my veins,

I didn't tether my pulse
to the white caps'
glow in the moonlight

but I left out my hand
for it to be taken
by yours,

for you to hold it tight,
to keep me close
during the wax and wane,

during the orchestral movement
of your desire.

si eres una ola,
¿me inundarás
o me llevarás contigo?

¿marcarás mi lugar
en la arena
(y lo rondarás en mi ausencia?)

me he enterrado los pies
para arraigarme aquí esperando tu llegada,
para que te pueda abrazar
y no dejar que te vayas.

if you are a wave,
will you wash over me
or take me with you?

will you mark my place
in the sand
(and haunt it in my absence?)

I have buried my feet
to root me here for your arrival,
so I can hold you
and not let go.

me sentaré
con los dedos en la arena
esperando la resaca,

esperándote a ti,
siempre en espera

tus palabras resonando en mis costillas
antes de que siquiera hayas hablado,
pero estaré listo.

The Waiting Tide

I will sit
with my toes in the sand
waiting for the undertow,

waiting for you,
always waiting

your words echoing in my ribs
before you even speak,
but I will be ready.

cada ola tiene un cuento que contar,
un amor que ha portado por leguas
hasta nuestros pies, aquí en el oleaje,
esperando que nosotros le devolviéramos el nuestro.

every wave has a story to tell,
a love it has carried for miles
to our feet, here in the surf,
waiting for our own to be returned.

Dibujaré deseos
en la arena
y dejaré que la corriente
los borre,
llevándotelos a ti.
Eres la única
que sabe
realizarlos.

I will draw wishes
in the sand
and let the tide
strip them away,
carrying them to you.
You are the only one
who knows
how to fulfill them.

cuando hicimos el amor
al lado de la arena,
con vista a las olas,
pensé que quizás era real,
que las corrientes habían estado esperando
que el universo
se alineara,
entregándose a nuestras manos,
mis manos—las que te mantienen
cerca. Como olas
que siempre vuelven
yo sigo teniendo esperanzas.

when we made love
just off the sand,
overlooking the waves
I thought maybe it was real,
that the tides had been waiting
for the universe
to click into place,
playing into our hands,
my hands—the ones holding
you close. Like waves
always returning
I continue to hold out hope.

Love

El amor

Roces de sueño

y yo
sueño con poemas
que se despliegan como costillas
haciendo espacio
para que la belleza
surja de adentro
y me inunde
como un maremoto
de todo lo que
haya querido
tocar.

las conoces,
las ganas
de tener el deseo
en las manos,
de ser el capitán
de tu pasión
el capitán de
versos dedicados
a la belleza

¿y hay una manera
y quiero yo
saber—
controlar
estas ganas
de que la poesía se derrame
en la otra orilla
sacándote
de la hoja,
del agua
y llevándote dentro de mi alcance?

Dream Touches

and I
dream in poems
unfolding like ribs
making space
for beauty
to come from within
and wash over me
like a tidal wave
of everything
I ever wanted
to touch.

you know this,
the urge
to hold desire
in your hands,
to be the captain
of your passion
the captain of
verses dedicated
to beauty

and is there a way
and do I want
to know—
how to marshall
these urges
for poetry to spill
across the shores
taking you off
of the page,
out of the water
and into my reach?

El océano es una carta de amor, y tú eres las olas

la manera en la que te enroscas
como una ola que se pliega a la próxima que la sigue
que se aprieta contra mi pecho
como un maldito infarto
tus sonrisas e insinuaciones y miradas
y la ausencia de cualquier de esas cosas
me atrapa como aguas revueltas
y me arrastra hacia el fondo.

un día haremos el amor
y el océano nos tragará enteros.

un día el mundo desaparecerá
menos tú y el maremoto
que creas.

The Ocean is a Love Letter, and You are the Waves

the way you curl into yourself
like one wave folding into the next
presses against my chest
like a goddamned heart attack
your smiles and hints and looks
and the absence of any of those things
catches me like a riptide
and pulls me under.

one day we will make love
and the ocean will swallow us whole.

one day the world will disappear,
except for you and the tidal wave
you create.

**Esta inspiración, este hinchazón
en mis costillas para ti**

dicen
que no hay nada nuevo
bajo el sol,
pero no hay nada
parecido a esto.

This Inspiration, This Swelling
in My Ribs for You

they say
there's nothing new
under the sun,
but there is nothing
like this.

Lo que la belleza nunca sabe

la verdadera belleza nunca sabe
lo que da al mundo,
nunca ve la manera
en la que mueve las corrientes.

pero una vez
fuiste Helena de Troya
y ahora has renacido
una y otra vez a través de los siglos
para enseñarle al mundo
sobre la belleza.

eres la esperanza
ofrecida a los que
perecemos en el mar, para mantenernos
en lucha contra las olas
con ganas de llegar a casa.

tal vez la verdadera belleza
nunca se ve a sí misma,
pero las olas y yo, sí.

What Beauty Never Knows

true beauty never knows
what it gives the world,
never sees the way
it moves the tides.

but once
you were Helen of Troy
and you have been reborn
through centuries
to teach the world
about beauty.

you are the hope
given to those of us
lost at sea, to keep us
fighting against the waves
to make it home.

maybe true beauty
never sees itself,
but the waves and I do.

La luz de la luna en el océano

No sé
bailar a la luz de la luna,
mis pies deslizándose
por la arena.
sin ti
no sé
aspirar
el océano salado
y convertirlo
en algo más.

Moonlight at the Ocean

I don't know how
to dance in the moonlight,
my feet gliding
through the sand.
without you
I don't know how
to breathe
the salty ocean
and turn it into
anything more.

leche

leche, tibia y dulce
sale de a poco de los poros
de tus pezones, blanca
contra tu areola,
beso la piel, me mojo los labios,
sostengo tus pechos, bebo.
no hay forma de estar más cerca
de ti que esto.

¿con qué frecuencia se puede
tomar lo que está adentro de otro
y digerirlo? ¿con qué frecuencia
se puede probar ambrosía
y enmarañarse
en la lujuria primigenia
de la humanidad?

tu leche sobre mi lengua,
¿alguna vez te conté
cuán invencible
me haces sentir?

milk

milk, warm and sweet
eases out of the pores
in your nipples, white
against your areola,
I kiss the skin, wet my lips,
I hold your breasts, drink.
there is no being closer
to you than this.

how often can one take
what is inside another
and digest it? how often
can one taste ambrosia
and entangle oneself
in the primordial lust
of humanity?

your milk on my tongue,
have I ever told you
how invincible
you make me feel?

Manos

estas manos mías
fueron hechas para abrazarte,
para mezclarse con tu piel
y encontrar tus secretos.

sí,
han apretado palas
y bombeado gasolina
y un millón
de cosas más,

pero
fueron hechas
para ti.

fueron hechas
para sostener tus pechos
y sentir el pulso
de tu corazón.

para deslizarse entre
tus piernas
y sentir tu calentura.

fueron hechas
para entrelazarse
con las tuyas.

Hands

these hands of mine
were made to hold you,
to blend with your skin
and find your secrets.

yes,
they have gripped shovels
and pumped gas
and a million
other things,

but
they were made
for you.

they were made
to hold your breasts
and feel the pulse
of your heart.

to slide between
your legs
and feel your heat.

they were made
to interlace
with yours.

Máscaras de amor

hay un millón de personas dentro de mí,
un millón de océanos listos para plegarse
en sus propias aguas revueltas.

hay un millón de besos
y un millón de roces suaves
y un millón de miradas furtivas.

hay un millón de peces
mordisqueándome los dedos balanceándose
bajo el agua, cada uno
estimulándome a enunciar más palabras.

hay un millón de máscaras
que el amor lleva y un millón más
de los que se despoja. hay un millón de océanos
desnudándome por completo, y a ti también.

hay un millón de amores
y nosotros somos todos y cada uno.

Masks of Love

there are a million people in me,
a million oceans ready to roll over
into their own riptides.

there are a million kisses
and a million soft touches
and a million furtive glances.

there are a million fishes
nibbling at my toes bobbing
under the water, each one
spurring me on to more words.

there are a million masks
love wears and a million more
it sheds. there are a million oceans
stripping me bare, and you too.

there are a million loves
and we are each and every one.

Natación nocturna

estás en el océano,
flotando desnuda, tu piel
reflejando la luz de la luna—
yo, soy las olas,
enroscándome alrededor de tu cuerpo
para que te pueda abrazar
a través de las corrientes temporales.

Night Swimming

you are in the ocean,
floating naked, your skin
mirroring the moonlight—
me, I am the waves,
curling around your body
so I can hold you
through the changing tides.

un océano no es demasiado para cruzar

un océano se encuentra entre nosotros,
nuestros cuerpos: las orillas.
yo siempre voy a ser el crecer
a tu menguar,
tus ondulaciones
y deseosas y chocantes
enciclopedias de necesidad.

cuando las olas formen una cresta y las páginas den
    vueltas
estoy aquí listo.

un océano no es demasiado para cruzar
si no te molestan los oleajes.
las olas te recordarán
de un millón de días desplegándose
en los brazos de la posibilidad.

an ocean is not too far

there is an ocean between us,
our bodies the shores—
I will always be the wax
to your wane,
your undulations
and crashing desirous
encyclopedias of want.

when waves crest and pages turn
I am here at the ready.

an ocean is not too far to bridge
if you don't mind the swells.
the waves will remind you
of a million days unfolding
in the arms of possibility.

El norte magnético

perdido, como si pereciera en el mar,
voy a usar las pecas
de tu piel
para trazar el mapa
que dirige hacia casa.

Magnetic North

lost, as if at sea,
I will use the freckles
on your skin
to chart my way
back home.

esto es un océano

esto es un océano,
esta distancia entre
tú y yo,

pero nunca tuve miedo
de nadar.

this is an ocean

this is an ocean,
this distance between
you and me,

but i have never been afraid
to swim.

Hablar al océano

hay tanto
que quisiera murmurar
a las aguas revueltas,

estoy enamorado
de cada minucia
de las olas,
cada gota de agua
y como se reúnen
para formar un océano.

hay tanto.

demasiado
para decir,
así que me acuesto
en las corrientes
y sueño contigo
mientras el agua
me inunda.

Telling the Ocean

there is so much
I want to whisper
into the rip tides,

I'm in love
with every minutia
of the waves,
each drop of water
and how they come together
to form an ocean.

there is so much.

too much
to ever say,
so I lay down
in the tides
and dream of you
as the water
washes over me.

hay una ola

hay una ola que nos aprieta fuerte,
aguas revueltas como un capullo
sujetando nuestros cuerpos.
esto no es un sueño, esto es nuestro océano
al que vamos
cuando necesitamos salir del mundo
y anidarnos en el otro.

hay una ola sólo para nosotros,
te lo prometo.

there is a wave

there is a wave holds us tight,
a riptide like a cocoon
cinched around our bodies.
this is not a dream, this is our ocean
the one where we go
when we need to leave the world
and settle into each other.

there is a wave only for us,
I promise.

eres una navegación

te soñé como un farol,
una sirena dorada llamándome desde el mar.

te soñé esperándome en la orilla,
vestida de la luz de la luna, nada más.

te soñé. la recompensa
de mi lujuria deseosa.

pero me desperté y, Bella,
eras una respuesta.

eres el único camino
que navego.

you are a navigation

I dreamed you as a lighthouse,
a golden siren calling me in from sea.

I dreamed you waiting for me ashore,
clothed only in moonlight.

I dreamed you. the bounty
of my wishful desire.

but I awoke and, Beautiful,
you were an answer.

you are the only way
I navigate.

Desire

La lujuria

Qué veleros navegaremos

los sueños últimamente
se han vuelto todos una mezcla cruel
de pullas sobre el futuro
y qué veleros navegaremos
desnudos a la luz del sol.

todos han saludado
por saludar
y nuestras manos han sido dejadas
a los muslos de cada uno.

y hay escalofríos
a pesar del sol, mas
sin marcas de bronceado,
ni estrofas de sudor deslizándose
que no hayamos repudiado.

no, los veleros se dejan llevar
por las corrientes y dispersarse
cada uno a otra dimensión
o realidad o sueño de otra noche.

pero tu piel, la sensación de ella
bajo mis dedos aún está ahí
cuando me despierto y cuando
aprieto esos dedos contra mis labios.

What Boats We Will Sail

the dreams lately
have all been a cruel mix
of taunts about the future
and what boats we will sail
naked in the sunlight.

they have all said hello
for the sake of saying hello
and our hands have been left
to each other's thighs.

and there are goosebumps
despite the sun, but
there are no tan lines,
no dropped stanzas of sweat
we don't already disown.

no, the boats are taken
by the tides and dispersed
each into a different dimension
or reality or dream for another night.

but your skin, the feel of it
under my fingers is still there
when I wake and when
I hold them to my lips.

mis labios sangrientos hacen el océano

viste, estaba distraído
por esas visiones de ti
que se me vienen
a cualquier hora del día
o la noche. que me provocan
con tu belleza.

y como si el deseo
de probar tu carne
se intensificara demasiado
me mordí el labio,
ensangrentándome la boca
dulce y cálida
y este dolor blando
recordándome a carencia.

¿y no es siempre una inundación?
¿no es siempre un mar sin fin?
este deseo y deseo y deseo.

my bloody lip makes the ocean

you see, I was distracted
by these visions of you
that keep coming to me
at any hour of the day
or night. that tease me
with your beauty.

and as if the desire
to taste your flesh
grew too strong
I bit through my own lip,
bloodying my mouth
sweet and warm
and this dull ache
reminding me of want.

and isn't it always a flood?
isn't it always an endless sea?
this want and want and want.

Cómo rompen las olas

cómo rompen las olas
me recuerda a un sueño
donde controlamos las corrientes
con el encuentro de nuestros labios,
el enredo de nuestros miembros,
la quietud de nuestros corazones.

The Way Waves Crash

the way waves crash
reminds me of a dream
where we controlled the tides
with the meeting of our lips,
the tangling of our limbs,
the stillness of our hearts.

Un bautismo

hay un océano dentro de ti
quiero abrirlo, liberar las olas
de tu cuerpo, con un solo tacto.
quiero sentir tu ola inundarme,
es un bautismo en el que puedo creer.

Baptism

there is an ocean inside of you.
I want to unlock it, to release the waves
from your body, with a single touch.
I want to feel your wave wash over me,
it is a baptism I can believe in.

El azúcar de tu carne

déjame quitar
toda tu ropa
y leer tu cuerpo
como un mapa,
empezando con tus labios que esperan,
bajando por tu cuello
y siguiendo

déjame tomar tus pechos
en mi boca
contar los bultos
de escalofrío
con mis besos

déjame agarrar tus caderas,
y ligeramente rozar
tus muslos con mi aliento,
déjame explorar
tus profundidades
y probar tus fluidos.

quiero el sabor tuyo,
el azúcar de tu carne.

y sostendré tu cuerpo desnudo,
sostendré fuerte
desafiando al universo
a que se quede tranquilo. sólo para nosotros.

The Sugar of Your Flesh

let me take you
out of your clothes
and read your body
like a map,
from your waiting lips,
down your neck
and continuing

let me put your breasts
in my mouth
and count the goosebumps
across your chest
with kisses

let me hold your hips,
and gently graze
your thighs with my breath,
let me explore
your depths
and taste your come.

I want the taste of you,
the sugar of your flesh.

and I will hold your naked body,
I will hold tightly
daring the universe
to stand still. just for us.

Pericia

quiero que te toques,
tuve un sueño en el que te miraba mientras lo hacías.
quiero llegar a ser perito en tu cuerpo.
quiero navegarte como si fuese instinto,
como si fuese todo lo que nací para hacer.

está muy profundo en mi médula, el deseo
pero más que el deseo. quizás la aflicción
si por aflicción puedo decir violencia
y por violencia puedo decir
sólo la gravedad de este deseo.

quiero tocarte,
lo quiero como un barco quiere el agua:
para que pueda cumplir su objetivo.

Expertise

I want you to touch yourself,
I had a dream that I watched as you did.
I want to become an expert in your body.
I want to navigate you like it's instinct,
like it is everything I was born to do.

this is deep in my marrow, desire
but more than desire. maybe affliction
if by affliction I can mean violence
and by violence I can mean
only the severity of this desire.

I want to touch you,
I want this the way a boat wants water:
so it can fulfill its purpose.

Cuántos

.

cuántos besos compartiremos
en cuántos sueños en los que tú y yo nos encontramos,
en los que hacemos el amor como si fuese la última cosa
por hacer. cuántas veces murmurarás
palabras que no puedo escuchar y no tengo que hacerlo,
nuestras caras tan cerca que no se puede detectar
de quién se emite cada soplo. cuántas veces
nos encontraremos como si fuese la primera vez
en estos momentos que guardamos come memorias
        parecidas.
cuántas veces hasta que nos demos cuenta
de que los sueños no son nada sino la verdad.

How Many

how many kisses will we share
in how many dreams where we meet,
where we make love like its the only thing
to be done. how many times will you whisper
words I can't hear and don't need to,
our faces so close there's no telling
whose breath is whose. how many times
will we meet like its the first time
in these moments we store like memories.
how many times until we realize
dreams are nothing if not truth.

Cuerpos y agua

tu cuerpo flota en el baño,
como una diosa bañándose en el océano,
olas tímidas rizándose por tus pechos,
lamiendo tus pezones.

no soy más que el pescador en tierra,
forzándose de sobra a creer lo que mis ojos ven.

son estos vistazos que echo,
tras cortinas de sueños y mitos,
de historias y futuros y abrazos
que me enloquecen,
que me hacen creer que soy lo suficiente real.

y cuando mi cuerpo se deslice contra el tuyo
lo sabré con seguridad.

Bodies and Water

your body floats in the bath,
like a goddess bathing in the ocean,
timid waves rippling around your breasts,
lapping at your nipples.

I am just the fisherman standing ashore,
trying so damned hard to believe my eyes.

it is these glances I steal,
behind curtains of dreams and myths,
of histories and futures and embraces
that make me lose my mind,
that convince me I'm real enough.

and when my body slides against yours
I will know for sure.

Faros

tus pechos son faros
corriendo por mis sueños
para sacarme de encima cada día.
como casi puedo sentir gusto a ti
me da fuerzas para seguir rompiendo las corrientes,
me da fuerzas para seguir abriendo mis ojos
para lo que llegue a ver.

Beacons

your breasts are beacons
tearing through my dreams
to shake me loose from each day.
the way I can almost taste you
keeps me breaking the tides,
keeps me opening my eyes
for what I might see.

La lección que estoy buscando

a veces te imagino masturbándote
no estoy ahí y estás en la oscuridad,
tu mano tierna entre tus piernas
y sí, a veces hasta me pone
celoso, pero hay algo que
estoy intentando aprender, algo que
estoy demasiado envuelto en el momento
como para experimentar
cuando soy yo quien te hace acabar.
es algo sobre el porqué estamos aquí.

The Lesson I Am Searching For

sometimes I imagine you masturbating.
I am not there and you are in the dark,
your hand tender between your legs
and, yes, sometimes it even makes me
jealous, but there is something
I am trying to learn, something
I am too caught up to experience
when I am the one making you come.
it is something about why we are here.

no hay una ola

querido amor,
queridas noches sin olas,
queridas corrientes fantasmagóricas
arrancándome de las sábanas

tus labios bastan
para mantenerme a flote
por décadas.

there is no wave

dear love,
dear no wave nights,
dear ghostly riptides
tearing me from the sheets

your lips are enough
to keep me afloat
for decades.

El mar en la noche

el mar en la noche
es un lugar para susurrar
mis secretos, para dejar
que el deseo se bañe
desde las yemas de mis dedos
hasta las olas
que lo llevarán
a ti.

The Sea at Night

the sea at night
is a place to whisper
my secrets, to let
the desire wash
from my fingertips
into the waves
that will carry
it to you.

piensa en mí cuando te toques

deja que las corrientes arrastren arena
entre tus dedos,
deja que la luz de la luna
exponga tu piel más blanca
y que las olas
te bañen en deseo.
cuando te empieces a tocar
seré yo tu océano.

think of me when you touch yourself

let the tides pull sand
through your fingers,
let the moonlight
expose your whitest skin
and the waves
wash you in desire.
when you begin
to touch yourself
I will be your ocean.

oleajes

me desperté pensando que estaba dentro de ti,
me desperté pensando que nadaba en el océano,
me desperté pensando que nunca podría haber algo más
    pleno
que el modo del que mi sangre surgía por mis venas
    como corrientes
al pensar en ti en el horizonte esperando que te
    acompañara.

swells

I woke thinking I was inside you,
I woke thinking I was swimming in the ocean,
I woke thinking there could never be anything fuller
than the way my blood surged through my veins like
    tides
at the very thought of you on the horizon waiting for
    me to join you.

Bautismo a través de tus palabras, tu tacto

di que puedo enterrarme la cara
en tus pechos,
es la mejor manera
en la que sé borrar problemas
que consumen el alma.

di que me besarás
hasta que esté limpio otra vez.

di que pase adelante,
entonces tírame para adentro
y mientras nos movemos juntos
susurra a mi oído
que esto es lo que has querido
desde siempre.

Baptism By Your Words, Your Touch

say I can bury my face
in your breasts,
it is the best way
I know to erase troubles
that eat at the soul.

say you will kiss me
until I am clean again.

say come inside,
then pull me in
and as we move together
whisper in my ear
this is what you wanted
all along.

La posibilidad de escribir en el cielo

algunas palabras que te quisiera decir
sólo tendrían sentido si las escribiera en el cielo,
palabras que dudan en salir de mis labios
si no están susurradas a tu oído
pero anhelan el romance de un gran gesto.

y algunas palabras que sólo te diré
cuando estemos metidos entre las sábanas,
el más secreto de los deseos y las ganas
y cuánto necesito tu roce.
estas palabras están sólo para nosotros,
mas están deseando ser gritadas al mundo.

más vale no perder las nubes de vista,
puede ser que haya un mensaje ahí
un día de éstos en el que ya no pueda seguir callado.

The Possibility of Sky Writing

some words I want to say to you
would only make sense in sky writing,
words that are hesitant to pass my lips
unless whispered into your ear
but long for the romance of a grand gesture.

and some words I will only say to you
when we are between the sheets,
the most secret of desires and wishes
and how much I need your touch.
these words are only meant for us,
but they long to be shouted to the world.

best keep one eye on the clouds,
there may be a message there
one of these days when I can't keep my quiet.

Besisipi:

es un estado
donde nuestros labios se encuentran,
del modo que un océano
se encuentra con la orilla.

Kississippi:

is a state
where our lips meet,
the way an ocean
encounters the shore.

Cuerpo de poemas

dame una parte de tu cuerpo
y escribiré un poema sobre ella,
porque de pies a cabeza cada parte tuya
se merece su propio poema.

los voy a juntar,
te voy a recrear con palabras
y besaré la hoja
en la que estás escrita.

la voy a besar
hasta que cobres vida
ante mí. Entonces
te voy a besar
hasta que no se necesite más
la poesía.

Body of Poems

give me a body part of yours
and I'll write a poem about it,
because every inch of you
deserves its own.

I will put them together,
recreate you with words
and I will kiss the page
you are written on.

I will kiss it
until you come to life
before me. Then
I will kiss you
until there is no need
for poetry.

Your

Tuyo

Tus labios

quiero ser un cigarrillo colgado entre tus labios
su abrazo suave rodeándome en mi totalidad,
el humo mi exhalación fluida de tu perfección.
injértame allí con tiempo para que siempre pueda estar
      contento,
o sácame entre tus dedos,
con la promesa de que quizás algún día vuelva.

Your Lips

I want to be a cigarette perched between your lips
their soft embrace encompassing me in whole,
the smoke my fluid exhalation of your perfection.
graft me there with time so I might always be content,
or pull me away between your fingers,
with the promise that I might return.

Tus ojos

tus ojos
están creando una historia
de nosotros. están
pidiéndome
que me acerque,
que te agarre
entre mis manos.

tus ojos
son un océano
sujetándome
con una corriente
de belleza inefable.

te pido
que cierres los ojos,
que apagues todo
menos el sentido
del tacto,
de nuestros cuerpos
rompiendo, formando crestas,
plegándose entre sí
del modo que sólo la naturaleza
sabe posible.

una sola mirada
registra todo esto.

Your Eyes

your eyes
are creating a story
of us. they are
asking me
to come closer,
to take you
in my hands.

your eyes
are an ocean
pulling me in
with a tide
of untold beauty.

I ask you
to close your eyes,
to shut out everything
but the feeling
of touch,
of our bodies
crashing, cresting,
curling into one another
the way only nature
knows is possible.

a single look
captures this all.

Tu cuello

hay un millón de historias
en la cuesta de tu cuello,
historias que voy escribiendo con cada beso,
brújulas de deseo en blanca
en cada roce eléctrico de mis labios
contra tu piel. me muero aquí.
me pierdo
en un sueño de hacer el amor
con mi cabeza enterrada
en la chuleta entre tu cuello
y tu hombro. Es mi sagrario.
escribo tus pasos desnudos
en pisos de madera,
y el agua de la bañera se vuelve océanos
en los que tu cuerpo
es un bote de rescate llamándome.
escribo estos roces,
entre vos y yo,
estos besos que anhelo colocar,
sembrar, como semillas
empezando por tu cuello,
y acabando por tus labios.

Your Neck

there are a million histories
in the slope of your neck,
stories I am writing with each kiss,
blank compasses of desire
in every electric touch of my lips
to your skin. I am dying here.
I am losing myself
in a dream of love making
with my head buried
in the divot between your neck
and your shoulder. It is my sanctum.
I am writing your naked footsteps
on hardwood floors,
and bath water becoming oceans
in which your body
is a life boat calling me.
I am writing these touches,
between you and me,
these kisses I long to place,
to plant, like seeds
starting at your neck,
ending at your lips.

Tu lengua

hay un susurro
deslizándose de tu lengua,
suspirado a mi oído
pidiendo que mi boca
salude la tuya,
y si voy a sucumbir,
lo cual sí, haré.

tu lengua
sabe lo que quiere
y no duda en
decirlo en voz alta
o tan callada
que se confundiría
con la estela de un fantasma.

pero no eres ningún
espectro, nada más que una chica
batallando con los deseos
de su lengua y preguntándose
si voy a satisfacer,
lo cual sí, haré.

Your Tongue

there is a whisper
rolling off your tongue,
breathed into my ear
asking for my mouth
to greet yours,
and if I will indulge,
which I will.

your tongue
knows what it wants
and isn't afraid
to say it aloud
or so hushed
it could be mistaken
as the wake of a ghost.

but you are no
specter, just a girl
wrestling her tongue's
desires and wondering
if I will succumb,
which I will.

algunas personas creen que se les agota el amor,
que es como un lago gastado y evaporado
por la sequía irritante de otro verano seco—
¿cómo puede ser que no saben que las lluvias vendrán de
    vuelta?
yo, sólo voy ganando fuerzas, guardando en las reservas.
algún día no tendré opción sino soltar
y dejar que mi amor entero te inunde como una ola
abarcando la playa y todo lo que queda más allá.

some people think they are running out of love,
that it is like a lake worn down and evaporated
with the chafing drought of another dry summer—
how do they not know that the rains will come again?
I am only gathering steam, building reserves.
one day I will have no choice but to let go
and let my full love wash over you like a wave
encompassing the beach and everything beyond.

Acknowledgements

I am indebted to my mother and stepfather for their love of poetry which they shared with me early in my life.

Also to the poets who taught, mentored, or encouraged me through my undergrad and graduate degrees. Especially Darlene Pagán, Jack Driscoll, Joseph Millar, Peter Sears, Marvin Bell, and Ellen Bass.

To Kat Dixon for letting me steal the title "Kississippi" and for writing words that always make me want to write.

To the Curbside Splendor/Concepción Books family: Victor David Giron, Traci Kim, Jacob Knabb, Lauryn Allison, Ben Tanzer, Emma Mae Brown, et. al.

To Jacob Steinberg for translating my work into Spanish and his dedication to the intentions of these poems, and Ana Carrete for her assistance.

And to my beautiful wife, Lisa. Love would be impossible without her, which means so would these poems.

Ryan W Bradley

has fronted a punk band, done construction in the Arctic Circle, managed an independent children's bookstore, and now designs book covers. He is the author of a *Prize Winners*, a story collection; *Mile Zero*, a poetry collection; and *You Are Jaguar*, a collaborative poetry collection written with David Tomaloff. His novel *Code for Failure* was recently re-released. He received his MFA from Pacific University and lives in Oregon with his wife and two sons.

Jacob Steinberg

was born in Stony Brook, New York, in 1989. He studied Spanish and Latin American Literatures and Cultures at NYU and subsequently took graduate courses at the University of Buenos Aires. A poet, translator and critic, his publications include *Magulladón* (2012) and *Ante ti se arrodilla mi silencio* (2013). As a translator, he has worked with Sam Pink, Luna Miguel, and Mario Bellatin, among others. He currently lives in New York.

www.concepcionbooks.com